Mi Plan de Negocio

Un Manual Auto Guiado

Por Hazael Garay

I0481794

Para contactar a Hazael Garay escriba al info@hazaelgaray.com

La versión de la Biblia más usada en esta publicación fue la Reina Valera 1960 y la TLA.

INTRODUCCION

"Al no prepararse, se está preparando para fracasar". - *Benjamin Franklin*

¿Alguna vez ha sentido que su sueño de tener un negocio se parece a las nubes que son grandes, difusas y sin forma? Sin la dirección o la guía de otra persona, la creación de un negocio se puede parecer a las nubes...muchos pensamientos grandes en la cabeza sin forma o sin un plan. Pensar en su sueño puede ser abrumador pero no es necesario sentirse así porque este manual la ayudará a organizar sus pensamientos acerca de su plan de negocio. Con un plan escrito en vez de las nubes vera el horizonte lleno de posibilidades.

Dios es quien ha puesto el anhelo de emprender su propio negocio en su corazón y este manual es la mano que necesita para guiarla en el proceso de crear el negocio de sus sueños. A través este manual auto guiado, El Señor, usted y yo formularemos el plan de su negocio paso a paso.

La planificación la ayudara a mantener el enfoque y la guiara a entender su propósito en tener el negocio, a cuales clientes le esta sirviendo, cuanto cobrar y que requisitos legales necesita para operar su negocio.

Las preguntas que siguen y sus respuestas le servirán como un documento vivo que respirara el éxito sobre su negocio y cambiara con usted y sus circunstancias. Sus respuestas le servirán como el plano que puede usar día a día en su negocio por tanto este manual lo mantendrá cerca a usted.

2

Manténgalo en su oficina o en su agenda para usarlo de referencia cuando sea necesario para recordar los pasos que debe tomar para alcanzar cada nivel que desea lograr en su negocio.

COMO USAR EL MANUAL

El manual contiene preguntas diseñadas para ayudarle a formular su plan de acuerdo con el sueño, la voluntad, y la revelación que Dios le ha dado. El cuidado que usted le de a cada pregunta y respuesta determinara la dirección que su negocio va a tomar. Cada respuesta formara parte de su PLAN MAESTRO. *Al final del manual usted va a encontrar una sección para escribir su plan tal como usted contesto cada pregunta para que lo tenga como un punto de referencia.* Tome su tiempo en contestar y recuerde que las respuestas son suyas y nadie las puede criticar o juzgar. Mientras usted vaya edificando su empresa en cualquier momento que sea necesario, usted puede cambiar su plan.

Si usted ya empezó su negocio y no tiene nada escrito use el manual para guiarla en las areas que necesita ayuda. Igual, si usted no completa todo el plan escrito no permita que eso detenga su inspiración de comenzar. Usted comience y mientras vaya teniendo experiencias y aprendiendo de ellas escriba su plan.

En las siguientes paginas va a encontrar cuatro niveles para formular un plan de negocio completo que yo aprendi de la escritora, Christy Wright. En su libro, BUSINESS BOUTIQUE, ella comparte los cuatro niveles que deben componer su plan de negocio. Este manual la guiara por cada uno de ellos para que tenga un plan integral mientras edifica su negocio. En el manual yo he cambiado el vocabulario un poco pero la esencia y los puntos son similares a lo que aprendi de Christy Wright y ellos son los siguientes:

Nivel uno: El Fundamento
Nivel dos: La Personalización
Nivel tres: La Operación
Nivel cuatro: La Promoción

Cada nivel se compone de varios puntos y pasos que la ayudarán a entender su negocio desde adentro hacia afuera. Lo bonito de este manual y de nuestra relación entre escritora y lector es que nos podemos comunicar a través de los medios sociales cuando usted tenga una pregunta. Usted no esta sola. Yo caminare con usted y si tiene alguna pregunta no dude en hacerla por info@hazaelgaray.com o por messenger en la pagina de FB en www.facebook.com/hazael.garay.

Nivel Uno: El Fundamento

La base o fundamento es la razón por la cual su negocio existe. El fundamento o el "porque" de su negocio es la mayor motivación que usted tiene para emprender el negocio.

Pregunta: ¿Porque desea emprender su negocio? ¿Cual es la motivación del negocio suyo? La razón de la existencia de su negocio es única. Tome su tiempo para pensar y contestar esta pregunta. Hay muchas razones por la cual uno quiere ser empresario por ejemplo:

-Quiero ayudar a mi familia a comprar ropa, comida y útiles escolares

-Tengo este "talento" y me siento a gusto cuando creo _____ y la gente me lo pide.

-Vivo apasionada para ayudar a las personas a lograr _____. Quiero hacerlo a tiempo completo.

-No quiero seguir trabajando por alguien mas. Yo quiero ser mi propia jefe y controlar mis horas laborales.

¿Cual es su razón?

Respuesta:

Pregunta: ¿Cual es su sueño? Su sueño va a definir la dirección que su negocio tome. El sueño que usted tiene es el sueño que Dios a puesto en su corazón. Su sueño es diferente a su razón de ser empresaria porque tal vez su razón es: querer vender comida casera para pagar las cuentas de la casa.

Pero su sueño es: ver que un día su comida casera se vende en paquetes individuales en el pasillo de alimentos congelados en las cadenas de supermercados grandes. Algunas veces el sueño es GRANDE y parece ser IMPOSIBLE. No importa. Escriba su sueño.

Respuesta:

Pregunta: ¿Cual es su vision? La vision es mas especifica que el sueño. La vision habla sobre quien usted sera en el futuro. ¿Donde ve a su compañía en el futuro? La vision le da esperanza y dirección.

Su sueño dice: "Yo quiero". Su vision dice: "Yo soy". Usemos el mismo ejemplo de arriba con la venta de comida. El sueño es vender comida casera congelada en supermercados grandes. La vision seria: Mi empresa "X" ofrece comida casera de buena calidad en porciones individuales y se distribuye en grandes cadenas de supermercados.

Respuesta:

Pregunta: ¿Cual es su misión? Su misión debe ser sencilla. La misión le ayudará a mantener el enfoque de su propósito original y le informara al mundo lo que usted ofrece. Solo debe ser una linea o dos. Otra vez, usando el ejemplo de arriba, la misión seria:

"La misión de la compañía X es ofrecer comida casera y saludable a individuos y familias que están demasiado ocupados para cocinar."

Respuesta:

Pregunta: ¿Cuales son sus metas u objetivos? Sus metas son los pasos diarios que va a tomar para cumplir con la vision, la misión, el sueño y la razón de su negocio. Sus objetivos cambiarán a medida que logre cada uno de ellos. Sus metas deben escribirse en pasos que sean factibles. Algunas metas serán mensuales, otras semanales y otras diarias. Para esta parte de su plan debe utilizar una agenda aparte de este manual. En su agenda pondrá las llamadas que debe hacer, las reuniones que debe tener, los artículos que debe comprar, etc.

Sus metas deben ser realistas y los pasos necesarios se deben cumplir al diario. Yo trabajo muy bien con listas diarias por tanto, mi agenda esta llena de listas. Por ejemplo, este manual es un sueño que yo he tenido por mucho tiempo. No lo escribí en un día. Cada día tuve que tomar un paso hacia la meta para cumplirlo. Tuve que escribir párrafos, paginas, capítulos, después tuve que buscar a alguien que me ayudara con el diseño de la portavoz, y a alguien que me ayudara a publicarlo.

Consiga una agenda que le agrade y le sirva a usted y comience hoy a escribir sus pasos de acción y tareas diarias.

"Los pensamientos del diligente ciertamente tienden a la abundancia;
Mas todo el que se apresura alocadamente, de cierto va a la pobreza."
Proverbios 21:5

Nivel Dos: La Personalización

La personalización de su negocio es la parte en que usted hace suya su empresa. ¡Porque después de todo eres la jefe!

Pregunta: ¿Cuales son sus puntos fuertes? Conozca sus puntos fuertes y delegue sus puntos débiles. Para saber cuales son sus puntos fuertes conteste las 5 preguntas de abajo:

1. ¿Qué le gusta hacer?

2. ¿En que area se destaca?

3. ¿Que dicen otros de usted sobre sus habilidades?

4. ¿Qué viene sin esfuerzo para usted?

5. ¿Qué le da energía?

Pregunta: ¿Que puede usted delegar a otros? Delegue los puntos débiles suyos.

El internet esta lleno de recursos económicos para su negocio. Existe mucha ayuda virtual. Si no tiene dinero para emplear a otra persona todavía, pídale ayuda al Señor y pídale que le envié personas que sepan manejar las cosas que usted no sabe manejar o no le gusta manejar.

Respuesta:

Pregunta: ¿Cuales son sus valores? Sus valores la ayudarán a dar forma a sus decisiones cotidianas y no permitirá que se apoye en personas o recursos que hacen las cosas con valores opuestos a los suyos. Por ejemplo, en mi negocio y ministerio: La Reina en Ti, uno de mis valores es respetar la palabra de Dios y ponerla en primer lugar. Otro valor mío es hacer todo con integridad. Otro valor es servir a mis clientes con amor y paciencia.

Todo el que trabaja conmigo debe tener mis mismos valores.

Respuesta:

Pregunta: ¿Cuanto dinero necesita para empezar? O, para lanzar algo nuevo en su negocio existente? Si no tiene mucho dinero use lo que tenga para comenzar y haga intercambios con otros. No se endeude para comenzar o invertir en su negocio. Empiece con poco y crézcalo grande día tras día con sus ventas.

Respuesta:

Pregunta: ¿Cuantas horas al día tiene para su negocio? ¿Cuantas horas a la semana tiene? ¿O, cuantas horas al mes? Usted es la jefe. Solo usted sabe cuantas horas al día esta dispuesta a trabajar en su negocio.
¿Qué actividades están robando su tiempo? ¿Cuales horas del día son mejores para usted y su clientela?

Separe el tiempo y cree un horario para usted y no permita interrupciones que gastan su tiempo valioso.

Respuesta:

Pregunta: ¿Cual espacio va a utilizar para trabajar? Escoja un espacio cómodo donde pueda tener todo lo que necesita a su alcance. ¡Ojo! Este espacio es diferente al espacio que va a utilizar para tratar con sus clientes. Por ejemplo, yo escribo libros en mi escritorio en la casa. Mi oficina en casa es mi espacio privado donde hago mi trabajo. A mis clientes los trato por internet o personalmente cuando soy la conferencista en un evento o estoy predicando/enseñando un tema de la Palabra de Dios.

Respuesta:

"Levántate, porque esta es tu obligación, y nosotros estaremos contigo; esfuérzate, y pon mano a la obra."
Esdras 10:4

Nivel Tres: La Operación

La operación de su negocio son los hechos o los pasos de acción que va a tomar para hacerlo una realidad.

Pregunta: ¿Cuál es su negocio principal? Cuando enfoca su atención en su negocio principal podrá desarrollar productos y servicios que son similares y que se relacionan con su negocio principal.

Por ejemplo, si su negocio principal es crear vestidos de novia usted sera conocida por sus vestidos mientras se enfoca en producirlos con excelencia. Cuando usted tenga buena clientela y tenga fama por sus vestidos, si usted quiere crecer su negocio usted puede desarrollar accesorios de vestidos de novia, joyería de novia, vestidos para las damas y diademas porque son productos similares que se relacionan con su negocio principal.

Si quiere ser conocida como estilista de vestidos de novia usted no va a ofrecer hacer pasteles y comidas de boda también porque realmente eso es otra area de negocio que no esta relacionado con vestidos y que igual toma tiempo para desempeñar.

Respuesta:

Pregunta: Cuales otros productos y servicios puede usted desarrollar o vender que combinan con su negocio principal? Haga una lista abajo. Al tener esta lista recuerde que debe desarrollar BIEN su negocio principal primero y con el tiempo puede añadir otros productos y servicios relacionados.

Respuesta:

Pregunta: ¿Cuál será la ubicación de su negocio? Esto es diferente al espacio de trabajo. La ubicación es donde su cliente comprara sus productos o servicios. El espacio de trabajo es donde usted maneja el negocio o donde crea sus productos.

Respuesta:

Pregunta:

a) ¿Qué artículos necesita comprar para administrar su negocio?

b) ¿Cuánto costarán?

c) ¿Cuánto inventario tiene que tener a mano?

Pregunta: ¿Cual sera su plataforma en linea? ¿Necesitara vender en linea? Yo uso Shopify, Facebook y Youtube.

Respuesta:

Pregunta: ¿Como aceptara pagos? Opciones de pagos son: Dinero en efectivo, cheques, tarjetas de crédito, Paypal, Square, Venmo...(Hay muchas opciones y son diferentes en diferentes partes del mundo por lo tanto, haga una investigación de lo que el mercado esta usando en su region)

Respuesta:

Pregunta: ¿Cómo se ocupará de la contabilidad? Usted lo puede hacer mientras va creciendo su negocio pero esto es una buena area para delegar a un contador cuando su negocio crezca.

Respuesta:

Pregunta: ¿Cómo va a gestionar sus documentos de negocio? Ejemplos de los documentos importantes que debe manejar y archivar en un solo lugar: facturas, recibos, permisos, licencias...

Respuesta:

Pregunta: ¿Cuales procesos y sistemas se pueden implementar para hacer que su negocio sea más eficiente? Cuando usted tiene un proceso o un sistema automático para cumplir ciertas tareas sera la manera mas eficiente de manejar su negocio. Igual se le hará mas fácil enseñarle a un empleado como seguir un sistema ya implementado.

Por ejemplo, si usted prepara comida sus recetas serian parte del sistema automático para realizar las comidas. Estos sistemas formaran parte de su manual de entrenamiento para sus empleados que lo debe crear aparte.

Respuesta:

Pregunta: ¿Cuales son sus pólizas?   Las pólizas de su negocio son necesarias para informar a sus empleados y a sus clientes cómo hacer negocio con usted.   Las pólizas deben estar en un cuaderno. Las pólizas para de los clientes y de los empleados deben ser diferentes.   Por ejemplo, las pólizas de los clientes deben incluir reembolsos, envíos, horas de operación, condiciones de pago, etc.   Para el empleado serán reglas de conducta, horas de trabajo, expectativas, etc. Abajo ponga sus ideas y después traspase sus pólizas en un cuaderno aparte.   Si necesita ayuda busque en el internet las pólizas de otras compañías similares a las suyas y haga cambios según sea necesario.

Respuesta:

Pregunta: ¿Cómo se protegerá de los ladrones, las personas baratas, los tramposos y los locos? Las personas difíciles agotarán sus finanzas y su bienestar. Necesita buenas pólizas y también proteger legalmente sus productos y servicios.

Respuesta:

*La sección mas importante del nivel tres: La operación de las finanzas.

"Sino acuérdate de Jehová tu Dios, porque él te da el poder para hacer las riquezas, a fin de confirmar su pacto que juró a tus padres, como en este día."
Deutoronomio 8:18

Pregunta: ¿Como va a separar el dinero del negocio del dinero personal? Debe hacer dos cuentas separadas y no las debe mezclar. Si usted mezcla lo que es personal y lo que es negocio sus cuentas serán confundidas y no podrá prosperar y llevar a su negocio a niveles altos.

Respuesta:

Pregunta: ¿Cual es el presupuesto de su negocio?

El flujo de las finanzas que entran y salen de su negocio debe mirarse así:

El ingreso total de ventas
menos
el costo de producción
iguala
la ganancia total de ventas
menos
los gastos de operación como renta, luz, agua, pagos profesionales
iguala
la ganancia neta

Una vez tenga la ganancia neta que es la verdadera ganancia la debe dividir en la siguiente manera:
a) Impuestos
b) Fondo de emergencia/ahorros
c) Gastos futuros
d) Salario (su salario se convierte en su dinero personal y debe ir en su cuenta personal)

Al principio de su negocio usted puede manejar esto pero es recomendable buscar ayuda de un profesional cuando su nivel de ventas aumente. Recuerde que también al comienzo de su negocio su salario no sera mucho. No pierda el animo por ello. La manera de aumentar el salario es de aumentar la ganancia neta. ¿Como se puede hacer?

-Piense bien en que va a invertir, mire sus gastos y elimine cualquier cosa que no este produciendo ganancia.
-Puede alzar sus precios si el mercado lo permite.
-Sirva a mas clientes.
-Venda mas productos.

El precio que usted le pone a sus servicios o productos es clave para hacer una buena ganancia. Es difícil saber cuanto uno debe cobrar por su trabajo y esfuerzo pero con la información de abajo aprenderá cómo ponerle precio a su trabajo como la profesional que es usted. No hay una sola o respuesta o formula que se ajuste a todos de la misma manera pero si existen ciertos variables que la ayudaran a determinar la gama de precios ideal para su negocio. Su gama de precios sera algo con que usted experimentara y ajustara con el tiempo.

Abajo le hare una serie de preguntas con espacio para sus respuestas. Estas preguntas y respuestas le servirán de guía para determinar el precio correcto en el presente estado de su negocio y del mercado. Usted tendrá que hacer ajustes cuando sus productos/servicios cambien o cuando el mercado cambie.

Pregunta: ¿Cual es el costo de los materiales necesarios para crear su producto o para proveer su servicio? Haga una lista de todos los materiales y sus precios. ¿Cual es la calidad de sus productos? Si sus materiales son de alta calidad debe tomar esos gastos en cuenta cuando le esta poniendo valor a su servicio/producto.

Respuesta:

Pregunta: ¿Cuales son los gastos asociados con ejecutar su negocio por ejemplo: gasolina, cajas de envío, luz, teléfono, plataforma de ventas, renta...etc. Haga una lista de todos los gastos y sus precios.

Respuesta:

Pregunta: ¿Cual es el tiempo que usted invierte en crear o ejecutar el producto/servicio? Estas son sus horas laborales y ellas también tienen valor.

Respuesta:

Pregunta: ¿Que precios soportara el mercado? Sus clientes vienen del mercado. Generalmente, si sus precios son altos el mercado suyo sera mas pequeño. Todo depende a quien usted le este vendiendo sus productos y ofreciendo sus servicios. Usted debe determinar a QUIEN le esta vendiendo y que precios soportara lo que esa PARTE del mercado esta dispuesta a pagar.

Una buena forma de averiguar qué precios está respaldando el mercado es investigando su competencia. Haga una investigación de lo que otros empresarios o compañías que son exitosos están haciendo en su mismo mercado. Sus precios por la misma calidad de trabajo deben ser similares.

Respuesta:

Pregunta: ¿Cuanto paga por la ubicación de sus productos o servicios? Su negocio existe solo online? O, tal vez usted tiene una oficina, un almacén o una tienda donde paga alquiler.

Respuesta:

*Haga una lista de todos los números y costos que ha enumerado arriba para saber cuánto debe cobrar por unidad y cuántas unidades tiene que vender por día / semana / mes / año para cubrir sus costos y para hacer una ganancia.

Una nota importante sobre la deuda. Yo no creo en la deuda porque en la palabra de Dios El nos enseña en Proverbios 22:7 que el que pide prestado se hace esclavo del prestamista. La escritura completa es la siguiente:

"El pobre trabaja para el rico;
el que pide prestado
se hace esclavo del prestamista."

El pobre siempre estará pidiendo prestado. ¿A quien le pide prestado? Al rico. Pues, el rico tiene mas que el. El pobre siempre estará en el ciclo de esclavitud si no para de vivir un estilo de vida de pobreza mental. Si Dios nos salvo de la esclavitud entonces es lógico que ninguno de sus hijos viva endeudado por ninguna razón. Somos libres para prosperar en toda area de nuestras vidas. LIBRES.

Yo creo que si Dios es el que la llama para ser empresaria entonces El proveerá el PODER para adquirir riquezas según Deuteronomio 8:18. Comience con lo que tiene a la mano, sea fiel en lo poco y en lo mucho El la pondrá.
La mujer de proverbios 31 era tremenda empresaria y ella conocía el secreto de hacer negocios sin pedir prestado:

Ella "calcula el precio de un campo;
con sus ganancias lo compra…."

Calculaba el precio de un campo para saber si el precio era justo o no y para ver si ella tenia el dinero para comprarlo. Si determinaba que era un buen negocio lo compraba con SUS GANANCIAS. No compraba con un préstamo. ¿Necesita dinero para invertir en su negocio? Investigue en su casa para encontrar artículos que puede vender. ¿Puede usted conseguir un trabajo de medio tiempo para invertir en su negocio?

Pregunta: ¿Cuánto debo pagar por los impuestos? La respuesta va a variar según la cantidad de ventas, ganancias y por supuesto, su región. La mejor forma de saber sobre impuestos es preguntándole a un profesional. Esto es importante para la integridad de su negocio, de modo que pueda cumplir con todas las leyes tributarias de su región.

Estos son los registros importantes para mantener a los fines fiscales:

1. Recibos de todas las transacciones de ventas y todos los ingresos.

2. Recibos de todos los materiales comprados para crear su producto o servicio.

3. Recibos de todos sus gastos operativos como teléfono, internet, alquiler ...

4. Recibos de todos los gastos que planifica amortizar para efectos fiscales.

Respuesta:

Pregunta: ¿Qué tipo de negocio tiene o planifica tener? La estructura de su negocio es importante para propósitos de seguro e impuestos. A continuación se muestran los cuatro tipos de estructuras comerciales que se encuentran en los Estados Unidos.

1. Propietario Unico (Sole proprietorship): un pequeño negocio dirigido por una sola persona.

2. Asociación (Partnership): usted es dueño de su negocio con una o más personas. (tenga mucho cuidado con una asociación porque necesitará mucha protección si ella se quebranta)

3. Corporación de responsabilidad limitada (LLC): esta estructura protege sus activos personales de demandas y solo debe utilizarse si existe una gran responsabilidad o riesgo de demanda en su negocio.

4. Corporation y S-Corporation: estas dos estructuras generalmente son para compañías muy grandes y un profesional debe ayudarlo a formar este tipo de estructura para su negocio.

Respuesta:

Pregunta: ¿Qué tipo de seguro necesita para su negocio?
Esto dependerá del tipo de productos que venda y de dónde venda. Nuevamente, hable con un profesional que pueda asesorarla. Tener seguro no sera necesario en todos los casos.

Respuesta:

Pregunta: ¿Qué tipo de protección necesita? A continuación, enumero los tipos de protección que necesita para su negocio, servicios y bienes.

Patente: protege legalmente su invención o producto exclusivo.

Marca registrada: protege legalmente cualquier palabra, nombre, símbolo o diseño asociado con su negocio.

Copywright (Derechos de autor): protege legalmente cualquier texto que haya creado en un libro, artículo, canción, etc.

Si desea llevar su negocio a nivel nacional o mundial, la protección es muy importante, por lo tanto, solicite asesoramiento profesional y aproveche los recursos de su gobierno para guiarlo. En los Estados Unidos, se encuentra un maravilloso recurso en www.sba.gov. Toda la información es gratuita e incluso puede recibir becas para ciertas situaciones.

"Cuando este promoviendo su negocio a todo su público o base de clientes, usted todavía está simplemente hablando a un solo ser humano en un momento dado."
Ann Handley

Nivel cuatro: Promoción
¡Deje que el mundo sepa lo que usted ofrece!
El marketing efectivo les permite a las personas correctas saber lo que usted ofrece y las hará sentir bien cuando piensen en su producto o servicio.

Su marca es lo que la separa de otras compañías que venden algo similar a lo que usted vende. Es lo que la hace única. Una marca es el aspecto, el tono, los colores, el nombre y la reputación de su negocio. La marca debe representar la cultura de su negocio. Por ejemplo, en nuestra pagina de FB es muy raro ver criticas y comentarios negativos porque nuestra cultura en Reina en Ti es una de amor, servicio e inspiración de mujer a mujer. Por tanto, todo lo que creo y vendo se ajustará a nuestra cultura y se reflejara en nuestra marca.

Para construir su marca, será útil volver a la razón o a la motivación por la cual quería comenzar el negocio en primer lugar.
Para comenzar a desarrollar su marca, responda a las siguientes preguntas.

Pregunta: ¿Cómo quiero que se perciba mi negocio?

¿Lujoso o necesario?
¿Formal o informal?
¿Elite o común?
¿Sofisticado o divertido?
¿Caro o economico?
¿Masculino, femenino o neutral?
¿Enérgico o tranquilo?

Abajo, escriba sus respuestas y agregue rápidamente todas las palabras que describen su negocio. Mire detenidamente a las palabras que eligió y luego responda la pregunta que hice al principio:
¿Cómo quiero que se perciba mi negocio?

Respuesta:

Pregunta: ¿Qué quiero que sea la apariencia de mi negocio? Piense en los colores, diseños y gráficos que conformarán el estilo de su negocio.

Respuesta:

Pregunta: ¿Cuál es el tono de mi negocio? Piense en las palabras que usará para describir su negocio y a quién le está vendiendo. Por ejemplo, usted cuando entra a un tribunal hay un tono serio y profesional. Cuando entra en un parque de diversiones el tono es relajado y divertido.

Respuesta:

Pregunta: ¿Como quiero que mis clientes se sientan cuando compran de mí? Esta pregunta tiene que ver con la interacción entre su cliente con su negocio o producto.
Por ejemplo una marca de perfumes tal vez va a desear que su cliente se sienta sofisticada. Otra marca de perfumes desea que su cliente se sienta refrescada y limpia.

Respuesta:

Pregunta: ¿Quién es su mercado objetivo? Estas son las personas a las que le venderá y que estarán interesadas en comprar sus productos. Es importante ser lo más específico posible. Un ejemplo seria si vende maquillaje anti-envejecimiento de alta gama, su público objetivo serán mujeres mayores que deseen combatir las arrugas. Una chica joven de 23 años no estará interesada en su producto por lo tanto no va a gastar dinero en promocionar su maquillaje a chicas de 23 años.

Cuando encuentre la audiencia adecuada para su producto, no tiene que rogarle que compre, porque su audiencia especifica DESEA comprar su producto siempre que satisfaga su necesidad o deseo y esté dispuesto a pagar el precio por ello. En otras palabras, mujeres mayores con arrugas están buscando productos que las ayuden a combatir sus arrugas. Conocer la respuesta a esta pregunta la ayudara a promover su servicio o producto mas efectivamente.

Para encontrar su público específico, puede hacer preguntas a sus clientes actuales y hacer investigaciones en línea. Imagine quién sería su cliente perfecto. Si vende ropa para niños, alguien como yo que tiene adultos jóvenes no es su mercado objetivo.
Debe apuntar a madres jóvenes o a abuelas con nietos pequeños.

Preste atención a las necesidades, comentarios, revisiones y sugerencias de sus clientes. Esto la ayudará a dirigirse a las personas adecuadas y también a crear productos y servicios específicamente para ellos. Por lo tanto, investigue un poco y

luego responda la pregunta: ¿Quién es su mercado objetivo?
Respuesta:

Pregunta: ¿Dónde encontraré a mi público objetivo?
Encuéntrelos en persona y encuéntrelos en línea. Por
supuesto depende que esta vendiendo, a quien esta
vendiendo y donde esta vendiendo.

Respuesta:

Pregunta: ¿Cómo describo a mi negocio? Cuando alguien le pregunta acerca de su negocio, necesita tener una respuesta preparada. Formule una respuesta honesta y de pocas frases porque si habla por exceso o no sabe explicar bien que hace su negocio confundirá a su audiencia. La forma de hacerlo es mediante la simple respuesta a esta pregunta:

¿Qué hace mi negocio?
Haz esta respuesta sencilla. No tiene que sonar sofisticada e intelectual. Solo necesita transmitir su respuesta claramente para que las personas puedan entender lo que ofrece su empresa.

Una vez que tenga su descripción abajo, practique decirla en voz alta. Por ejemplo, si me preguntaría ¿cual es su negocio Pastora Hazael? Mi respuesta sería: Reina en Ti alcanza a mujeres latinas con libros, productos, conferencias y enseñanzas que guían a las mujeres a descubrir su propósito en Dios para que puedan realizarlo.

Ahora es su turno, ¿que hace su negocio?

Respuesta:

Ultimos Consejos...

Hemos terminado con la parte de preguntas y respuestas del manual. Sus respuestas a las preguntas son las que conforman su plan de negocios. En la parte final de este manual encontrara la parte donde usted podrá transcribir sus respuestas una por una para tenerlas a la mano.

Esta próxima parte del manual proporcionará consejos importantes que la hará exitosa en su negocio.

Contar la historia de su negocio es parte importante de crear una conexión con sus clientes. La forma en que cuente su historia lo ayudará a crear un excelente contenido para publicitar, comunicar, influenciar e inspirar a sus clientes.

Ejemplo,
Si estoy vendiendo un cuchillo muy afilado para cocinar, ¿qué preferiría escuchar?

1. Compre el Cuchillo X porque es muy filoso y cortará todos los alimentos de manera muy efectiva.

O,

2. El otro día cuando preparaba la cena me corte un dedo usando un cuchillo barato. Cuando estoy cocinando no hay nada peor que tratar de cortar mis verduras con un cuchillo que no sirve porque no solo es desesperadamente lento sino que también es peligroso, como descubrí el otro día cuando me corté. Con el Cuchillo X ya no tengo ese problema y usted también nunca mas sufrirá con cuchillos que no cortan bien.

Comprelo hoy y quítese la frustración y el dolor cuando este en la cocina.

En los dos ejemplos, el Cuchillo X es el mismo, pero la historia detrás de él es diferente. Las mujeres que cocinan con cuchillos sin filo podrán identificarse con mi historia en el segundo ejemplo y querrán comprar el Cuchillo X para evitar la frustración y el peligro que ellas también han experimentado.

Al hacer el marketing es importante construir una relación y una conexión con sus clientes corrientes y futuros. Puede ser que la persona no le compre de inmediato pero si usted toma el tiempo de crear una relación con el/ella con el tiempo le comprara o correrá la voz debido a la relación que usted ha establecido.

Con un buen contenido (imágenes, historias, audio, video) tendrá una excelente base para publicar en redes sociales como Facebook, Twitter, Instagram, Youtube, Pinterest, Snapchat.

La clave es promocionar su negocio sin ser insistente de manera desagradable. Nunca olvidaré a una joven que estaba tratando de venderme sus preciosas joyas. Su enfoque fue terrible. Dijo algo al respecto: "mira mis joyas y compre porque necesito vender al menos $200 para alcanzar mi meta esta noche y ganar un viaje a Jamaica.

Aunque me gustaban mucho sus joyas, terminé sin comprar nada porque NO me hizo sentir que la venta se trataba de mis deseos o necesidades. Al contrario todo se trataba de ayudarla a llegar a Jamaica. Me sentí presionada a comprar y al fin no lo hice porque la vendedora no creo una conexión o relación entre nosotras y se convirtió en una obligación mía ayudarla.

Sirva a sus clientes con una verdadera apreciación por ellos. Después de todo, son ellos los que le entregan el dinero ganado con tanto esfuerzo y a cambio, deberían recibir la mejor atención posible de usted, su producto, su servicio y su empresa. La cultura de su empresa debe ser una de servicio porque vender y comprar es una calle de dos vías que es provechosa tanto para usted como para su cliente.

Errores a evitar.

1. **No creer en su negocio y en sus precios.** Debe tener confianza en usted mismo y en su negocio. Los clientes pueden percibir cuándo alguien no tiene confianza y perderán rápidamente la confianza en lo que usted esta ofreciendo.

2. **No saber como recibir.** Usted trabaja duro en su negocio por tanto no tenga miedo de recibir su recompensa. Usted se lo merece. Igual no tema pedir ayuda. Dios tiene gente que la pueden ayudar - solo pida.

3. **Renunciando antes de tiempo.** Al iniciar su propio negocio puede ser incómodo porque usted está exponiendo al mundo lo que ofrece para que posiblemente sea criticado o rechazado. El rechazo es parte de hacer negocios. Mis libros y productos no son para todas las mujeres de la tierra y está bien. No podemos rendirnos cuando las cosas son lentas, frustrante o difíciles. Debemos enfrentar cada problema cara

a cara y continuar mejorando, resolviendo, creando, sirviendo y vendiendo.

4. **No pedir la venta.** No trabaje duro para tener relaciones con clientes y contar su historia y luego no pedir la venta. Deje ir ese miedo y haga la venta!

Se necesita práctica y trabajo para ser bueno en lo que uno hace y cometerá errores en el camino. Encuentre a personas que la animen y la dirijan en los momentos difíciles. Continúe educándose y aprenda sobre su negocio mas todos los días porque a medida que su negocio crezca, también debería crecer usted en sabiduría y experiencia.

Obtenga ayuda de otros que son mejores que usted y son expertos. Hay un montón de ayuda en línea y de otros empresarios que están haciendo cosas similares a lo que usted quiere hacer. Pida ayuda. Se sorprenderá a cuanta gente le gusta ayudar a otros a ser exitoso. Usted puede incluso contratar ayuda virtual en línea especialmente para las cosas que usted no tiene ninguna idea cómo hacer pero que son necesarias en su línea de negocio. Por ejemplo, si no sabe cómo crear un sitio web, contrate a alguien para que lo haga por usted.

Siempre, siempre contrate a personas que tengan los mismos valores que usted. Deben preocuparse por su producto y su cliente igual que a usted.

Vivir una vida equilibrada y encontrar el mejor horario que funciona para usted es vital para crear un balance saludable. Invierta tiempo y concéntrese en crear un negocio que esté de acuerdo con su estilo de vida. Es posible que una madre de niños pequeños, se tenga que levantar un poco antes que los niños o acostarse un poco más tarde que ellos para cumplir ciertas tareas. Tal vez ella tendrá que trabajar menos horas para darles atención en la etapa de niñez.

"Usted es la gran diseñadora de su negocio y de su sueño."

A la medida que vaya construyendo su negocio, asegúrese de mantener las cosas en equilibrio para evitar algún remordimiento o crear cualquier problema de salud a causa del estrés, falta de sueño y malos hábitos alimenticios. Tómese el tiempo para descansar y relajarse. A la larga, una vida equilibrada la beneficiará a usted, a su familia y a su negocio.

Al final, recuerde lo que es importante y si Dios la llamó para crear el negocio, apóyese en Él todo el camino. Él la ayudará si se lo pide. Él es su director creativo, dador de ideas, su proveedor y su sabiduría. Él establecerá su negocio y lo hará exitoso si lo incluye en cada paso de desarrollo.

Por encima de todo no deje de soñar y crear porque es el Señor quien pone los sueños en su corazón. Él es su fuerza creativa y le provee todo lo que necesita para que sus sueños empresariales se hagan realidad.

Conclusion

Usted ahora esta armada con las herramientas necesarias para crear el negocio de sus sueños. Abajo esta la sección titulada "*Mi Plan*". En esta parte usted va a transcribir las respuestas que usted puso a través del manual. Esta sección le dará un plan claro y bien formulado que la guiará hacia el éxito.

El Padre cree en usted y por eso El puso el sueño en su corazón. Yo también creo en usted y si tiene alguna pregunta no dude en hacerla por messenger (www.facebook.com/hazael.garay) o por info@hazaelgaray.com
Dios dedico parte de un capitulo sobre la mujer empresaria en Proverbios 31. La dejo con esa bella hoja de vida. Léela, créala y vívala. Abajo esta en la Traducción la Lengua Actual.

¡Qué difícil es hallar
una esposa extraordinaria!
¡Hallarla es como encontrarse
una joya muy valiosa!
Quien se casa con ella
puede darle toda su confianza;
dinero nunca le faltará.
A ella todo le sale bien;
nunca nada le sale mal.
Sale a comprar lana y lino,
y con sus propias manos
trabaja con alegría.
Se parece a los barcos mercantes:
de muy lejos trae su comida.
Se levanta muy temprano,

y da de comer a sus hijos
y asigna tareas a sus sirvientas.
Calcula el precio de un campo;
con sus ganancias lo compra,
planta un viñedo,
y en él trabaja
de sol a sol.
Ella misma se asegura
de que el negocio marche bien;
toda la noche hay luz en su casa,
pues toda la noche trabaja.
Ella fabrica su propia ropa,
y siempre ayuda a los pobres.
No le preocupa que haga frío,
pues todos en su casa
andan siempre bien abrigados.
Toma telas de lino y de púrpura,
y ella misma hace colchas y vestidos.
En la ciudad y en el país
su esposo es bien conocido,
pues ocupa un lugar importante
entre la gente de autoridad.
La ropa y los cinturones
que ella misma fabrica
los vende a los comerciantes.
Es mujer de carácter;
mantiene su dignidad,
y enfrenta confiada el futuro.
Siempre habla con sabiduría,
y enseña a sus hijos con amor.
Siempre está pendiente de su casa
y de que todo marche bien.

Cuando come pan,
es porque se lo ha ganado.

Sus hijos la felicitan;
su esposo la alaba y le dice:
«Mujeres buenas hay muchas,
pero tú las superas a todas».

La hermosura es engañosa,
la belleza es una ilusión;
¡sólo merece alabanzas
la mujer que obedece a Dios!
¡Que todo el mundo reconozca
los frutos de su esfuerzo!
¡Que todos en la ciudad
la alaben por sus acciones!

Amen.

Mi Plan

Nivel uno: El Fundamento

El motivo de mi negocio es

_____

_____

_____

_____

_____

Mi sueño es

_____

_____

_____

_____

_____

_____

Mi vision es

_____

_____

_____

_____

_____

_____

Mi misión es

_____

_____

_____

_____

_____

Mis metas de corto plazo son

Diarias

_____

_____

_____

_____

_____

_____

_____

Semanales

_____

_____

_____

_____

_____

Mensuales

_____

_____

_____

_____

_____

_____

_____

Nivel Dos: La Personalización

Mis puntos fuertes son

_____

_____

_____

_____

_____

Areas para delegar

_____

_____

_____

_____

_____

Mis valores son

_____

_____

_____

_____

_____

Para comenzar necesito esta cantidad de dinero

_____

Mis horas laborales son

_____

_____

Mi espacio donde trabajo esta ubicado en

_____

Nivel Tres: La Operación

Mi servicio/producto principal es

_____

_____

_____

_____

Otros servicios / productos que puedo ofrecer o crear y que
están relacionados con mi negocio principal

_____

_____

_____

_____

_____

La ubicación de mi negocio

_____

_____

Los artículos que necesito para ofrecer mi servicio o crear mi
producto y sus costos

_____

_____

_____

_____

_____

_____

_____

_____

_____

_____

El inventario que necesito tener a mano

_____

_____

_____

_____

Mi plataforma en linea es

_____

_____

_____

Yo me voy a encargar de mi propia contabilidad: Si__ o No__

Mi contador es

_____

Mis documentos importantes están guardados en

_____

_____

Yo necesito sistemas y procesos en estas areas de mi
negocio

_____

_____

_____

_____

_____

Las pólizas para mis clientes son

_____

_____

_____

_____

_____

Las pólizas para mis empleados la tengo escritas y se
encuentran en

_____

Mi cuenta de negocio esta en el banco

_____

El costo de producir mis servicios/productos es

_____

_____

_____

_____

_____

Mi ganancia total de ventas MENOS el costo de producción es

_____

_____

_____

Los gastos de operación son (luz, renta, pagos profesionales, empleados, impuestos, etc)

_____

_____

_____

_____

_____

_____

Mi ganancia neta (Mi ingreso total menos el costo de
producción, menos los gastos de operación)

_____

Voy a separar mi ganancia neta de la siguiente manera
(Impuestos, fondo de emergencia, ahorros, gastos futuros,
salario)

_____

_____

_____

_____

_____

_____

Mi salario es

_____

Los precios de mis servicios/productos son

_____

_____

_____

_____

Yo archivo todos mi recibos en

_____

La estructura de mi negocio es

_____

Nivel Cuatro: La Promoción

Otros perciben a mi negocio como (¿Que dicen otros de mi negocio?)

_____

_____

_____

_____

Los colores principales de mi negocio son

_____

_____

Las gráficas de mi empresa son (mi logo principal-abajo puede dibujar sus ideas)

El tono de mi negocio es

_____

_____

Cuando mis clientes compran de mi ellos se sienten

_____

_____

Mi mercado objetivo es

_____

_____

¿Como voy a describir a mi negocio cuando alguien me lo
pregunte?

_____

_____

_____

Sobre la autora.

La pastora Hazael Garay es maestra de la palabra de Dios. Ella ama a su esposo y a sus tres hijos porque son su primer llamado. Ella y su esposo el Apóstol Fernando Garay, son un equipo ministerial que predican la palabra de Dios donde quiera que Dios los llame. Su pasión es ver a los hijos de Dios caminar en las obras y ministerios que Dios les dio y enseñarles cómo hacerlo en forma práctica y poderosa. Ella también es fundadora del ministerio La Reina en Ti escribiendo libros y creando productos para la mujer llamada por el Rey. Para saber mas de ella e invitarla a su evento para enseñar la palabra con señales, prodigios y milagros confirmando, por favor visite a www.hazaelgaray.com o escriba al info@hazaelgaray.com

www.ingramcontent.com/pod-product-compliance
Lightning Source LLC
Chambersburg PA
CBHW071233220526
45468CB00002B/832